AF460530

518 | Chambre des Commissaires-Priseurs
Envoi à la Bibliothèque Nationale

1904. Mars. 1er

VENTE DU MARDI 1er MARS 1904

HOTEL DROUOT, SALLE N° 8

A UNE HEURE ET DEMIE PRÉCISE

ESTAMPES

PRINCIPALEMENT

DES ÉCOLES FRANÇAISE ET ANGLAISE

DU XVIIIe SIÈCLE

EN NOIR ET EN COULEURS

COMMISSAIRE-PRISEUR

Me MAURICE DELESTRE, 5, rue Saint-Georges

EXPERTS

MM. PAULME & B. LASQUIN FILS

10, rue Chauchat   12, rue Laffitte

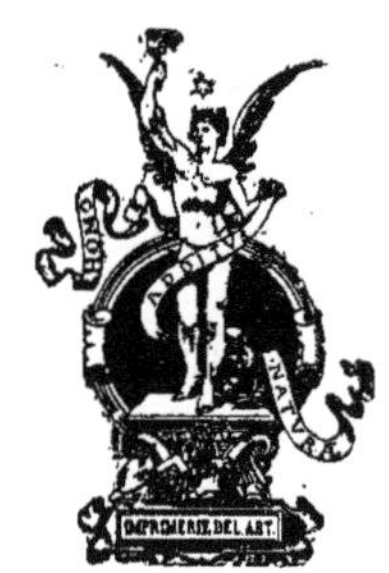
IMPRIMERIE DE L'ART

CATALOGUE

D'ESTAMPES

PRINCIPALEMENT

Des Écoles Française et Anglaise du XVIIIe siècle

EN NOIR ET EN COULEURS

PIÈCES GRACIEUSES SUR LES MŒURS, LES COSTUMES, etc.

GRAVURES ENCADRÉES

PORTRAITS

ESTAMPES EN LOTS, ETC., ETC.

DONT LA VENTE AUX ENCHÈRES PUBLIQUES AURA LIEU

HOTEL DES COMMISSAIRES-PRISEURS, Rue Drouot, N° 9

SALLE N° 8

LE MARDI 1er MARS 1904

à une heure et demie précise

COMMISSAIRE-PRISEUR	EXPERTS
Me MAURICE DELESTRE	**MM. PAULME et B. LASQUIN FILS**
5, rue Saint-Georges	10, rue Chauchat | 12, rue Laffitte

CONDITIONS DE LA VENTE

Elle sera faite au comptant.

Les acquéreurs paieront *dix pour cent* en sus des prix d'adjudication.

L'ordre numérique sera suivi.

MM. Paulme et B. Lasquin fils, experts, se réservent la faculté, dans l'intérêt de la vente, de réunir ou de diviser les lots.

AVIS

Les Amateurs pourront examiner les estampes les Samedi 27 et Lundi 29 Février, chez **MM. Lasquin fils, 12, rue Laffite.**

La vacation étant chargée commencera très exactement à l'heure indiquée.

Paris. — Imprimerie de l'Art, E. Moreau et Cie, 41, rue de la Victoire.

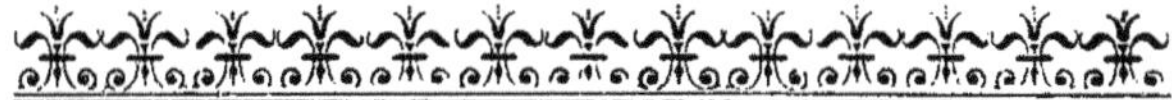

DÉSIGNATION

ANONYME

1 — *A Country Life.*

Pièce gravée à la manière noire.

2 — *Deux Bustes de Femmes.*

En ovales faisant pendants.

Très belles épreuves avant la lettre. Marges. Encadrées.

3 — *La Dit Boobi. — Mis Famie.*

Deux petites pièces ovales imprimées en couleurs, faisant pendants.

BARTOLOTTI

4 — *Le Printemps, l'Été, l'Automne, l'Hiver.*

Suite de quatre pièces, d'après Ward et Gianni.

Très belles épreuves imprimées en couleurs. Marges.

BARTOLOZZI

5 — *Angelica and Medora*, d'après Cipriani.

Très belle épreuve imprimée en bistre et rouge.

BARTOLOZZI

6 — *Bacchantes.*

Deux petites pièces ovales. Très belles épreuves avant la lettre. Marges.

7 — *Cornelia, mother of the Gracchi.*

Très belle épreuve en rouge. Encadrée.

8 — *Saint-James Beauty. — Saint-Gilles Beauty.*

Deux pièces ovales faisant pendants, d'après Benwell.

Très belles épreuves en bistre sur satin.

BAUDOUIN (D'après P.-A.)

9 — *L'Amour frivole. — Le Curieux. — Le Modèle honnête.*

Trois pièces.

10 — *Le Modèle honnête*, par Moreau le Jeune et Simonet.

Très belle épreuve. Marges.

BENAZECH (D'après)

11 — *La Séparation de Louis XVI de sa famille*, par Cardon.

Superbe épreuve. Marges.

BLANCHARD

12 — *Le Ravissement du cœur. — Le Retour aux devoirs.*

Deux pièces faisant pendants, publiées chez Martinet.

Très belles épreuves en couleurs. Toutes marges.

BOILLET

13 — *Choice fruit.*

Petite pièce gracieuse, imprimée en couleurs.

BOILLY (D'après L.)

14 — *Le Cadeau*, par Bonnefoy.

Très belle épreuve imprimée en couleurs. Marges.

15 — *La Comparaison des petits pieds*, par Chaponnier.

Très belle épreuve. Grandes marges.

BOILLY (D'après)

16 — *Ç'a été*, par Texier.

Très belle épreuve. Sans marges. Encadrée.

17 — *Poussez ferme. — Ah! ah! qu'il est sot!*

Deux pièces faisant pendants, par Petit.

Très belles épreuves. Sans marges.

BOILLY (Attribué à L.)

18 — *L'Heureuse Famille.*

Composition de quatre personnages. Dessin à la plume, lavé de sépia.

BONNET (L.)

19 — *La Coquette.*

Belle épreuve imprimée en couleurs.

20 — *Diane au bain. — Vénus au bain.*

Deux pièces faisant pendants, d'après Beaufort.

Très belles épreuves imprimées en couleurs, avec la signature du graveur. Encadrées.

BONNET (Chez)

21 — *Le Chat au guet.*

Très belle épreuve imprimée en couleur. Sans marges. Encadrée.

22 — *A Nimph a sleep.*

Belle épreuve imprimée en couleur. Marges.

BOREL (D'après)

23 — *Innocence en danger*, par Huot.

Très belle épreuve. Marges.

24 — *La Morale inutile*, par Voyzard.

Très belle épreuve. Encadrée.

BOUCHER (D'après)

25 — *L'Arrivée du Courrier*, par Beauvarlet.

Superbe épreuve à grandes marges.

26 — *La Bergère attentive*, par Elluin.

Très belle épreuve à toutes marges.

27 — *Le Pasteur galant*, par Huquier.

Très belle épreuve. Marges.

28 — *L'Enlèvement d'Europe*, par Pelletier.

Belle épreuve. Marges.

29 — *Le Soir: la Dame allant au bal*, par Petit.

Très belle épreuve. Marges.

BOULOGNE (D'après de)

30 — *Naissance de Bacchus.*

Très belle épreuve imprimée en couleur. Encadrée.

BOUNIEU

31 — *Jeune Femme en chemise examinant un chapeau.*

Très belle épreuve imprimée en couleur. Encadrée.

BOURDON (Louise)

32 — *L'Amour.*

Très belle épreuve. Toutes marges. Encadrée.

BOVI

33 — *Bacchus's Favorite*, d'après Lady Beauclerk.

Très belle épreuve.

BOYER (D'après)

34 — *L'Enfant chéri*, par Dulas.

Très belle épreuve imprimée en couleurs. Marges.

BRETON (Chez Mme)

35 — *The love letter.*

Très belle épreuve. Encadrée.

BRUN (D'après)

36 — *La Belle nourrice*, par Allais.

Très belle épreuve imprimée en couleur. Marges.

BUNBURY (D'après)

37 — *As you like it*, par C. Knight.

Très belle épreuve imprimée en bistre. Marges.

38 — *Carlotte*, par Bartolozzi.

Très belle épreuve imprimée en rouge.

CARESME (D'après)

39 — *L'Aveugle trompé*, par Wossenik.

Très belle épreuve imprimée en couleur. Petites marges.

40 — *Le Réveil du Carlin*, par Carrée.

Très belle épreuve. Encadrée.

41 — *Le Souvenir du plaisir. — L'Occasion favorable.*

Deux pièces faisant pendants, par Prot.

Très belles épreuves imprimées en couleur. Marges. Encadrées.

CARICATURE

42 — *Monture propre des dames ou nouvelle leçon d'équitation.*

Coloriée. Encadrée.

CARQUILLAT

43 — *La Famille impériale.*

Dédié à S. M. Napoléon III. Grande pièce tissée en soie sur satin, exécutée à Lyon en 1858.

CAZENAVE (Par et d'après)

44 — *A l'Amour il faut se rendre. — Clicère. — Le Nid d'amour.*

Trois pièces imprimées en couleur. Encadrées.

CHALLE (D'après)

45 — *Le Bât. — Le Cuvier.*

Deux pièces pour les *Contes de La Fontaine*, par Lindor de Toulouze.

Très belles épreuves. Encadrées.

46 — *La Frayeur maternelle*, par Schenker.

Très belle épreuve imprimée en couleurs.

47 — *Quand l'Hymen dort, l'amour veille,* par Maucler.

Très belle épreuve imprimée en couleurs. Marges.

48 — *Le Panier renversé*, par Buisson.

Très belle épreuve en couleur. Encadrée.

49 — *Le Premier baiser de l'Amour*, par A. Legrand.

Très belle épreuve en noir. Marges.

50 — *Le Rocher de Meillerie*, par Legrand.

Belle épreuve en couleur. Marges.

51 — *La Saison des Amours*, par A. Legrand.

Très belle épreuve imprimée en couleurs. Marges.

CHALON (D'après)

52 — *Princess Charlotte of Wales*, par H. Meyer.

Très belle épreuve. Grandes marges. Encadrée.

CHAPONNIER

53 — *La Danse de Village*, d'après Sherwin.

Grande pièce en largeur. Très belle épreuve en noir. Marges.

CHARDIN (D'après J.-B.-S.)

54 — *La Ratisseuse*, par Lépicié.

Très belle épreuve. Petites marges.

CHEREAU (Chez)

55 — *Les Amusements du cerf-volant.*

Très belle épreuve imprimée en couleurs. Grandes marges.

CHEVAUX (D'après)

56 — *La Bourgeoise économe. — La Cuisinière rusée.*

Deux petites pièces faisant pendants, par Girard. Très belles épreuves imprimées en couleurs. Marges.

COLINET

57 — *Cecilia*, d'après Benazech.

Superbe épreuve avant la dédicace. Marges.

58 — *Cecilia*, d'après Benazech.

Très belle épreuve imprimée en couleurs. Marges.

59 — *Costumes* (Pièces sur les).

Trois pièces imprimées à la sanguine, d'après Le Clerc. Sans marges.

COSWAY (D'après)

60 — *L'Amour et l'Innocence*, par Séguin.

Très belle épreuve imprimée en couleurs. Encadrée.

61 — *Astrea instructing Arthegal*, par V. Green.

Très belle épreuve en manière noire. Marges.

62 — *Cupid's revenged; Cupid des armed.*

Deux petites pièces, de forme ovale, faisant pendants.

COUTELIER (D'après)

63 — *La Curiosité satisfaite*, par Pitou.

Très belle épreuve imprimée en couleurs. Marges.

COYPEL (D'après)

64 — *La Charité romaine*, par Denzel.

Très belle épreuve. Marges. Encadrée.

DAGOTY (Gauthier)

65 — *L'Enfant prodigue*, d'après le Guerchin.

Très belle épreuve imprimée en couleur d'une pièce rare. Petites marges.

DANLOUX (D'après)

66 — *La Surprise agréable*, par Tonxis.

Très belle épreuve avant la dédicace. Marges. Encadrée.

DEBUCOURT (P.-L.)

67 — *L'Invocation à l'Amour.*

Superbe épreuve imprimée en couleur. Marges. Encadrée.

68 — *Berceau de Paul et Virginie.—Les Premiers pas de Paul et Virginie.*

Deux pièces ovales en travers faisant pendants. Très belles épreuves en noir. Remargées.

69 — *Louis XVIII*, d'après Béra.

Très belle épreuve en noir.

70 — *Préparatifs d'une poule entre cinq chevaux de courses*, d'après Carle Vernet.

Très belle épreuve en noir, avec marges. Rare.

71 — *Course de Chevaux*, d'après Carle Vernet.

Très belle épreuve du premier état, avant toutes lettres, avec marges. L'épreuve porte à gauche le cachet aux lettres L. A. D. entrelacées. Rare.

72 — *Course du Grand-Prix, faite au Champ de Mars*, d'après Carle Vernet.

Très belle épreuve en noir, avec marges. Rare.

73 — *Le Départ du Chasseur. — Le Chasseur. — Le Chasseur au tirer. — Le Retour du Chasseur.*

Suite de quatre pièces, d'après Carle Vernet. Très belles épreuves en noir. Marges.

DEMARNE (D'après)

74 — *La Promenade du matin. — La Promenade du soir.*

Deux pièces faisant pendants, gravées par Alix.

Très belles épreuves imprimées en couleurs. Grandes marges.

DEMARTEAU

75 — *Les Grâces et l'Amour*, d'après Boucher (n° 347).

Très belle épreuve à la sanguine. Encadrée.

76 — Sujet tiré du *Navigateur* de Gessner, d'après Le Barbier (n° 623).

Très belle épreuve imprimée en couleur. Marges. Encadrée.

77 — *Le Jeune Dessinateur*, d'après Boucher.

Très belle épreuve imprimée en couleur. Sans marges.

DEROSIER (D'après)

78 — *Le Déjeuner du Modèle*, par Sombret.

Très belle épreuve imprimée en couleurs. Marges.

DESCOURTIS

79 — *L'Ermite du Colisée. — Intérieur d'un cloître de religieuses. — Le Jardinier du couvent.*

Trois pièces, d'après H. Robert.

Très belles épreuves imprimées en couleurs. Les deux premières à toutes marges.

DESCOURTIS

80 — *Paul et Virginie.*

Suite de six pièces, d'après Challe.

Très belles épreuves imprimées en couleurs. Marges. Encadrées.

81 — *Paul et Virginie,* d'après Challe.

Quatre pièces de la suite. Très belles épreuves imprimées en couleurs. Marges.

DESFOSSÉS (D'après)

82 — *La Reine annonçant à Mme de Bellegarde, des Juges, et la liberté de son mari,* par Duclos.

Très belle épreuve. Marges.

DESSINS

83 — J. Belon. *Au Service anthropométrique.*

84 — Anonyme. *Vue d'une prison.*

Plume et aquarelle. Encadré.

85 — Trois pièces à la plume, crayon et sépia.

ÉCOLE ANGLAISE (xviiie siècle)

86 — *Portrait de Femme.*

A mi-corps, tenant une couronne de roses.

Très belle épreuve en manière noire. Encadrée.

ÉCOLE ANGLAISE (XVIIIe siècle)

87 — *Petit Garçon mangeant sa soupe, à ses pieds un chat le regarde.*

Petite Fille tenant un livre ouvert, à ses pieds un chien endormi.

Deux charmantes pièces faisant pendants.

Très belles épreuves en couleurs avant toutes lettres.

88 — *Jeune Femme debout dans une barque agitant un mouchoir vers un navire qui s'éloigne.*

Dans un intérieur, un homme assis cause à une Jeune Femme debout, une rose à la main.

Deux peintures, de forme ronde, faisant pendants, gravées au pointillé.

Très belles épreuves. Sans marges.

89 — *Children bird nesting; The little Plunderer.*

Deux petites pièces ovales faisant pendants.

Très belles épreuves en bistre. Encadrées.

90 — *Portraits de Femmes.*

En manière noire, par Watson, Houston, Mac'-Ardell, etc. Huit pièces.

91 — *Sujets gracieux.*

Deux grandes pièces faisant pendants.

Très belles épreuves imprimées en couleur. Sans marges. Encadrées.

EISEN (D'après F.)

92 — *La Jolie Charlatane*, par Halbou.

Très belle épreuve.

ESTAMPES EN LOTS

93 — *Visit to the Child at nurse.*

Gravure anglaise en couleurs encadrée. — Estampe d'après Rubens, par R. Morghen. — Pièce publiée chez Martinet, d'après Boilly : *Parlez au Portier.* — *Arrestation de Charlotte Corday*, d'après Ary Scheffer. — *Charlotte Corday*, d'après Thomas. — Sanguine, d'après Greuze. — Chromolithographie, d'après Le Perugin. Sept pièces.

94 — *École anglaise du XVIIIe siècle.*

Pièces d'après Cosway, Walton, Bunbury, etc. Cinq pièces.

95 — *Galerie de Versailles.*

Quarante pièces.

96 — *École française.*

Vingt-sept pièces diverses.

97 — *École française.*

Sanguines et autres. Neuf pièces.

98 — Pièces en noir et en couleur, de l'école française, lithographie, manière noire, etc. Dix pièces.

99 — *École française du XVIIIe siècle.*

Pièces en couleurs, par Marin et autres. Sept pièces.

ESTAMPES EN LOTS

100 — *École française du XVIII siècle.*
Pièces en couleurs et à la sanguine, par Marin Jubier, Demarteau, etc. Cinq pièces.

101 — Ornements : fontaines, statues, gaînes. Vingt pièces in-8°, par S. Thomassin. Escrime : 15 planches, par Prevost. — Peintures à fresque d'Italie, 9 planches in-4° au trait. — Portrait de Pie VII, à l'eau-forte par J. de Boissière.

102 — *Écoles française et anglaise.*
Quatre pièces.

103 — *Histoire de Joseph*, par Dunkarton. Cinq pièces, manière noire. Caricatures anglaises, quatorze pièces. Ensemble, dix-neuf pièces.

104 — *Vignettes in-4°*, d'après Fragonard; Moreau le Jeune et autres. En-têtes d'après Desfontaines, en couleurs. Etc.

FATOU (Chez)

105 — *La Tendre Mère. — La Mère intéressante.*
Deux pièces imprimées en couleurs. Marges.

FRAGONARD (D'après)

106 — *Le Calendrier des Vieillards*, par Dambrun.
Le Mari confesseur, par Tilliard.
Deux pièces pour les « Contes de La Fontaine. » Sans marges.

FRAGONARD (D'après)

107 — *La Cachette découverte*, par de Launay.

Très belle épreuve. Grandes marges. Encadrée.

108 — *L'Éducation fait tout*, par de Launay.

Très belle épreuve. Grandes marges. Encadrée.

FRAGONARD Fils et PRUD'HON (D'après)

109 — *Le Cruel rit des pleurs qu'il fait verser*, par Copia.

L'Amour vengé, par Mariage.

Deux pièces faisant pendants. Très belles épreuves imprimées en couleurs. Marges.

FREUDEBERG (D'après)

110 — *Le Mari jaloux*. — *L'Heureux ménage*.

Deux petites pièces ovales en travers faisant pendants. Très belles épreuves imprimées en couleurs. Sans marges.

GAUCHER

111 — *Le Repos*, d'après G. Netscher.

Très belle épreuve. Encadrée.

GÉRARD (D'après Mlle)

112 — *Je m'occupais de vous*, par Vidal.

Très belle épreuve en couleurs. Marges. Encadrée.

GIFFART

113 — *Françoise Daubigny*, Marquise de Maintenon.
Très belle épreuve. Encadrée.

GODEFROY

114 — *Portrait de Mlle Mars*, dans le rôle de Betty.
Très belle épreuve imprimée en couleurs. Marges.

GRAVELOT (D'après H.)

115 — *La Grande Foire. — Le Jeu de la Crosse. — Le Jeu de quilles. — La Course de chevaux.*
Quatre petites pièces en travers, par Bachelet. Très belles épreuves. Marges.

GREUZE (D'après)

116 — *L'Accordée de village*, par Flipart.
Très belle épreuve. Marges.

117 — Étude pour la *Dame de charité*.
Charmante petite pièce, gravée par Massard. In-4° en feuille.

118 — *Retour de Nourrice*, par Hubert.
Très belle épreuve. Grandes marges.

GUYOT

119 — *Paul et Virginie*, d'après Dutailly.
Quatre petits sujets, de forme ronde, imprimées sur deux feuilles en couleurs. A grandes marges.

HAMILTON (D'après)

120 — *Children with a mouse trap*, par Bartolotti.
Très belle épreuve. A toutes marges.

121 — *La Pèlerine*, par Barney.
Très belle épreuve, imprimée en couleurs.

HARRIS

122 — *Scarbro's steeple-chase*, d'après Harland. Novembre 1851.
Très belle épreuve en couleurs. Marges.

HARLOW et HARPER (D'après)

123 — *The Proposal*, par Meyer.
The Miniature, par Maile.
Deux pièces faisant pendants. Très belles épreuves. Marges.

HILAIRE (D'après J.-B.)

124 — *L'Esclave heureux*, par Mathieu.
Très belle épreuve. Marges. Encadrée.

HOIN (D'après Cl.)

125 — *L'Écueil de la Sagesse*, par de Monchy.
Très belle épreuve. Petites marges.

HUET (D'après J.-B.)

126 — *Les Amusements champêtres.*
Épreuve en couleurs. Sans marges. Encadrée.

HUET (D'après J.-B.)

127 — *Bazile et Lucy*, par Bonnet.

Très belle épreuve imprimée en couleurs. Avant la lettre. Encadrée.

128 — *La Coquette*, par Bonnet.

Très belle épreuve imprimée en couleurs. Petites marges. Encadrée.

129 — *Diane.* — *Vénus.*

Deux pièces ovales faisant pendants.

Superbe épreuve imprimée en couleurs. Encadrées.

130 — *La Dormeuse*, par Bonnet.

Très belle épreuve imprimée en couleurs. Encadrée.

131 — *Emblème.* — *Le Pêcheur et le Carpillon*, fable, par Bonnet.

Deux petites pièces faisant pendants en belles épreuves imprimées en couleurs.

132 — *Le Goûter champêtre*, par Jubier.

Très belle épreuve imprimée en couleurs. Marges.

133 — *Le Marchand d'Orviétan.*—*La Troupe ambulante.*

Deux pièces faisant pendants, par Bonnet.

Très belles épreuves imprimées en couleurs. Encadrées.

HUET (D'après J.-B.)

134 — *La Nymphe Hespérie, fuyant Ésaque qui l'aimait, fut piquée par un serpent et mourut de la blessure,* par Bonnet.

Très belle épreuve imprimée en couleurs. Rare. Encadrée.

135 — *Les Pêcheurs*, par Jubier.

Belle épreuve. Marges.

136 — *Le Repas des Vendangeuses. — Les Laveuses.*

Deux pièces imprimées en couleurs, par Jubier et l'Éveillé.

137 — *Le Retour du marché*, par Demarteau.

Très belle épreuve imprimée en couleurs. Sans marge. Encadrée.

138 — *Le Silence de Vénus*, par Bonnet.

Superbe épreuve imprimée en couleurs. Marges.

139 — *Vénus enflammée par l'Amour*, par Bonnet.

Très belle épreuve imprimée en couleurs. Marges. Encadrée.

140 — *Vénus et l'Amour apparaissant en songe à un berger endormi*, par Bonnet.

Très belle épreuve imprimée en couleurs. Sans marges. Encadrée.

141 — *Départ pour le siège de la Bastille. — La Petite attaque de la petite Bastille.*

Deux pièces, par Bonnet.

Très belles épreuves imprimées en couleurs. Avec marges.

HUET (D'après J.-B.)

142 — *Le Jeu de la Balançoire. — Le Chariot chinois. — Le Jeu de Cerbocalle. — L'Architecture.*

Quatre pièces, par Bonnet et Mallet.

Très belles épreuves imprimées en couleurs. Avec marges.

143 — *Le Coq secouru. — La Bonne chienne. — Le Jeu de quilles. — Le Tambour national. — La Bouillie aux chats.*

Six petites pièces, par Bonnet.

Très belles épreuves imprimées en couleurs. Avec marges.

JANINET

144 — *Adam et Ève*, d'après Le Barbier.

Superbe épreuve imprimée en couleur. Avant la lettre. Marges.

145 — *Mme Dugazon, rôle de Nina.*

Petite pièce en couleurs, in-8°, d'après Dutertre. Très belle épreuve. Marges.

146 — *Hébé*, d'après Le Barbier.

Très belle épreuve imprimée en couleurs. Marges.

147 — *Mme Saint-Huberti*, de l'Académie Royale de musique, d'après Lemoine.

Superbe épreuve imprimée en couleurs. Grandes marges.

JAZET

148 — *Les Amants surpris à l'abreuvoir.*

Très belle épreuve imprimée en noir.

JAZET

149 — *La Petite Famille revenant du travail. — Les Amants surpris à l'abreuvoir. — La Vie champêtre.*

Trois pièces imprimées en couleurs. Marges.

150 — *Bonaparte dans l'île Sainte-Hélène*, d'après Martinet.

Très belle épreuve en couleurs. Marges.

151 — *Le Départ du Marin. — Le Retour du Marin.*

Deux pièces faisant pendants. Très belles épreuves imprimées en couleurs.

152 — *Départ pour le carrousel*, d'après H. Vernet.

Très belle épreuves. Marges. Encadrée.

153 — *Les Éléments : l'Air, l'Eau, la Terre, le Feu.*

Suite de quatre pièces, d'après Martinet.
Très belles épreuves en couleurs.

154 — *La Halte de chasse*, d'après Grusande.

Très belle épreuve en couleurs. Marges. Encadrée.

155 — *Histoire de Don Quichotte*, d'après Martinet.

Suite de six pièces en très belles épreuves imprimées en couleurs, avec marges.

JEAN (chez le C^{n})

156 — *L'Adolescence de Paul et Virginie.—Le Triomphe de la vertu.*

Deux petites pièces ovales en travers.
Très belles épreuves, à grandes marges.

JEAURAT (D'après)

157 — *L'Exemple des mères*, par Lucas.

Très belle épreuve. Petites marges.

KAUFFMANN (D'après Aug.)

158 — *Erminia.* — *Rinaldo and Armida.*

Deux pièces faisant pendants, par Hogg.

Très belles épreuves imprimées en rouge. Marges. Encadrées.

159 — *The flower girl*, par Spitsbury.

Très belle épreuve, avec marges.

160 — *Maria*, par W. Ryland.

Très belle épreuve imprimée en rouge. Encadrée.

161 — *Pomona.* — *Cérès.*

Deux pièces faisant pendants, par Bartolozzi.

Très belles épreuves imprimées en rouge. Encadrées.

162 — *Le Retour*, par W. Ryland.

Superbe épreuve imprimée en rouge, avec les lettres tracées. Encadrée.

163 — *La Toilette de Vénus*, par Ruotte

Superbe épreuve imprimée en couleurs. Grandes marges. Encadrée.

LAFFITTE (D'après)

164 — *Le Matin*, par Allais.

Belle épreuve imprimée en couleurs.

LAGRENÉE (D'après)

165 — *Le Chant*, par Fessard.
Très belle épreuve. Marges.

LANCRET (D'après)

166 — *Les Deux Amis*, par de Larmessin.
Très belle épreuve, avec l'adresse du graveur.

LAWRENCE (D'après sir Th.)

167 — *Nature*, par Jazet.
Très belle épreuve. Encadrée.

LAWREINCE (D'après)

168 — *L'Automne*, par Vidal.
Très belle épreuve imprimée en couleurs. Sans marges. Encadrée.

169 — *Le Mercure de France*, par Guttenberg.
Épreuve en noir.

LAWREINCE (D'après N.)

170 — *Valmont and Emilie*, par R. Girard.
Très belle épreuve imprimée en couleurs. Encadrée.

LE BEAU

171 — *La Réalité du plaisir. — La Partie d'œuf frais.*
Deux pièces ovales, faisant pendants.

172 — *La Réalité du plaisir.*
Jolie pièce de forme ovale. Grandes marges.

LE BEAU

173 — *Madame Dugazon*, reçue à la Comédie-Italienne, en 1776. In-8°.

Très belle épreuve coloriée.

LE BEL (D'après)

174 — *Le Coup de vent*, par Girardet.

Très belle épreuve. Petites marges.

LE BRUN (D'après)

175 — *La Déclaration d'amour*, par Patas.

Très belle épreuve. Marges. Encadrée.

176 — *L'Intrigue découverte*, par Le Beau.

Très belle épreuve. Marges. Encadrée.

LEGRAND (D'après A.)

177 — *Adélaïde. — Caroline de Lichfield.*

Deux pièces rondes, faisant pendants, par Auvray.

Très belles épreuves imprimées en couleurs. Marges.

178 — *Almeida.*

Médaillon ovale en couleurs. Marges.

LEGRAND (A.)

179 — *L'Amour ramoneur*, d'après Le Roy.

Très belle épreuve imprimée en sanguine.

LEGRAND (A.)

180 — *Changement de lait de Paul et Virginie*, d'après Lambert.

Très belle épreuve imprimée en couleurs. Marges.

181 — *Girl and favourite Cat.—Boy and fighting Cocks.*

Deux petites pièces ovales, d'après Hamilton.

182 — *Le Roman. — La Romance.*

Deux pièces imprimées en couleurs, faisant pendants. Marges.

183 — *Le Rossignol.* Conte de Lafontaine.

Superbe épreuve imprimée en couleurs. Grandes marges.

LÉPICIÉ (D'après)

184 — *La Promesse approuvée*, par Hemery.

Belle épreuve. Marges.

LE PRINCE (D'après)

185 — *L'Amour à l'espagnole*, par A. de Saint-Aubin et Pruneau.

Très belle épreuve. Marges.

186 — *Le Marchand de lunettes*, par Helman.

Très belle épreuve. Marges. Encadrée.

LE ROI (D'après)

187 — *Mlle Roze*, par Le Grand.

Très belle épreuve imprimée en couleurs. Grandes marges.

LE ROY (D'après)

188 — *Le Désir*, par Ambroise Legrand.
Belle épreuve imprimée en couleurs. Marges.

LESLIE (D'après C.-R.)

189 — *Sir Roger de Coverly going to church, accompanied by the spectator and surrounded by his tenants*, par H. Meyer.
Superbe épreuve imprimée sur Chine. Marges.

LEVILLY

190 — *L'Instant du Rendez-Vous.*
Belle épreuve. Grandes marges.

191 — *Le Prisonnier chéri.*
Très belle épreuve imprimée en couleurs. Grandes marges.

191 bis — *Première Leçon d'amour.*
Très belle épreuve imprimée en couleurs. Grandes marges.

192 — *The water gress girl*, d'après Weatley.
The noble french sheperdess, d'après Le Roy.
Deux pièces faisant pendants.
Très belles épreuves imprimées en couleurs. Marges.

LIVRES

193 — *Antiphonaire.*
Manuscrit sur parchemin in-folio, avec lettres ornées. Miniatures, en-tête et culs-de-lampe. Bas.

LIVRES

194 — Album. *Histoire de Don Quichotte.*

Vingt planches in-4° en travers. Cartonné.

195 — *Colardeau.* Œuvres de Colardeau, de l'Académie française. Deux volumes in-8° : Portrait. Paris, 1779. Vélin écu fil. — Le 21 janvier 1793. Poème en quatre chants, par Monti. Paris, 1817. Un volume in-8° bas. Ensemble, trois volumes.

196 — *Tableaux Historiques des Campagnes d'Italie*, etc. In-folio. Paris, de l'Imprimerie de Herhau. 1806. Portrait de Napoléon, d'après Carle Vernet. Cartonné.

MALLET

197 — *L'Union récompensée par l'Abondance.— La Paix réunit les Sciences et les Arts.*

Deux pièces imprimées en couleurs, faisant pendants. Marges.

MARIAGE

198 — *Le Petit Fripon se glisse partout.*

Très belle épreuve imprimée en couleurs. Marges. Encadrée.

E. MARTIN

199 — *Vénus.*

Pièce ovale en travers, à la sanguine, par F. Maître.

Très belle épreuve. Rare.

MELLING (D'après)

200 — *Passage du Roi sur le Pont-Neuf, lors de son entrée à Paris, le 3 mai 1814.*

Grande pièce en largeur, par Pringer.

Très belle épreuve.

MOITTE (D'après)

201 — *Le Jaloux endormi. — L'Infidélité reconnue.*

Deux pièces faisant pendants, gravées par Dambrun et Vidal.

Belles épreuves.

202 — *Le Consommé. — L'Écueil et l'Innocence.*

Deux pièces faisant pendants, par Deny.

Très belles épreuves. Encadrées.

MONNET (D'après)

203 — *Les Baigneuses surprises. — Salmacis et Hermaphrodite.*

Deux pièces faisant pendants, par Vidal.

Très belles épreuves.

MONNET (D'après)

204 — *Jupiter et Antiope. — Renaud et Armide.*

Deux pièces, par Vidal.

Très belles épreuves avant la lettre et avant la draperie allongée. Petites marges.

205 — *Renaud et Armide*, par Vidal.

Belle épreuve.

MOREAU LE JEUNE (Par et d'après J.-M.)

206 — *Le Bal masqué.*
Très belle épreuve. Marges.

MOREAU LE JEUNE (D'après)

207 — *Memnon ou l'Écueil du sage*, par Vidal.
Très belle épreuve. Marges.

208 — *Le Pari gagné*, par Camligue.
Belle épreuve.

209 — *Le Seigneur chez son fermier*, par Delignon.
Très belle épreuve, avec marges.

MORLAND (D'après G.)

210 — *The Anglers Repast*, par Ward.
Très belle épreuve en couleurs. Marges. Rare.

211 — *The Effects of extravagance and Idleness. — The Fruits of early industry and œconomy. — Extravagance and dissipation. — Industry and œconomy.*
Suite de quatre grandes pièces, par Darcis.
Très belles épreuves imprimées en couleurs. Marges.

212 — *The Farmer's Door*, par Levilly. — *The Squire's Door*, par Duterrau.
Deux pièces, faisant pendants.
Superbes épreuves en noir. Marges.

MORLAND (D'après G.)

213 — *L'Indolence. — L'Industrie.*

Deux pièces ovales, faisant pendants, par Le Veau. Très belles épreuves imprimées en couleurs. Marges.

214 — *A Tea Garden*, par Mlle Rollet.

Très belle épreuve en couleurs. Marges.

215 — *Visite de la Bonne Mère à son enfant chez la nourrice.*

Grande pièce en largeur, par R. Girard.
Très belle épreuve en noir.

NANTEUIL

216 — *Marie-Jeanne-Baptiste de Savoie*, d'après L. Du Four.

Très belle épreuve. Marges.

NATTIER (D'après)

217 — *Marie Leckdinska, princesse de Pologne*, par Duponchelle.

Très belle épreuve in-8°. Marges.

NÉE

218 — *Chambre du Cœur de Voltaire*, d'après Duché.

Très belle épreuve. Marges.

NUTTER

219 — *Jessica and Lorenzo*, d'après Shelly.

Superbe épreuve en noir. Grandes marges.

OGBORNE

220 — *Children at their Mother's grave*, d'après sir F. Bourgeois,

Superbe épreuve en noir, à toutes marges.

PAROY (Le Comte de)

221 — *Caverne de voleurs.*

Superbe épreuve imprimée en couleurs, avant la lettre. Petites marges.

PAYE (D'après)

222 — *Child of Sorrow*, par Bartolonii.

Ovale. Imprimée en couleurs. Marges.

PETERS (D'après)

223 — *The Italian fruit Girl*, par Marcuard.

Très belle épreuve. Marges.

224 — *Shakespeare. Merry wives of Windsor*, par Simon.

Très belle épreuve. Marges. Encadrée.

PICOT (Chez)

225 — *Laïs, the Grecian Courtezan.*

Très belle épreuve imprimée en couleurs. Marges.

PORTRAITS

226 — *Boileau Despréaux. — Marie de Rabutin. — Chantal Montesquieu. — Vignette.* D'après Cochin.

Quatre petites pièces encadrées.

PORTRAITS

227 — *Catherine Mignard; Boileau-Despréaux; Hyac. Rigaud.*

Trois portraits, d'après Mignard et Rigaud. Encadrés.

PRUD'HON (D'après)

228 — *L'Art d'aimer; L'Enflammer.* Vignette in-4°, par Copia.

Très belle épreuve avant la lettre, avec les noms à la pointe.

QUEVERDO (D'après)

229 — *L'Air. — La Vue.* Deux pièces.

Très belles épreuves. Encadrées.

230 — *Le Bouquet galant*, par Dambrun.

Très belle épreuve. Grandes marges. Encadrée.

231 — *En-tête et Cul-de-Lampe*, par Martinet.

Trois petites pièces. Encadrées.

232 — *Nouvelle du Bienaimé. — Le Sommeil interrompu.*

Deux pièces par Dambrun. Belles épreuves.

RAMBERG (D'après)

233 — *Sorrows of Werther.*

Deux pièces ovales gravées par Bartolozzi. Belles épreuves imprimées en bistre.

REGNAULT (Par et d'après)

234 — *Dors, dors...*

Très belle épreuve en couleurs. Marges.

RÉVOLUTION (Pièce sur la)

235 — *La Mort du patriote Marat.* Dédiée aux braves Sans-Culotte.

Pièce anomyme gravée au lavis. Encadrée.

REYNOLDS (D'après Sir J.)

236 — *The honourable Miss Bingham. — The R. Hon. Countess Spencer.*

Deux pièces, par Aug. Legrand. Très belles épreuves imprimées en couleurs. Marges.

237 — *The Honourable miss Bingham*, par F. Bonnefoy.

Superbe épreuve imprimée en bistre. Petites marges.

238 — *The Honourable Miss Bingham.* Engraved by A. Legrand.

Très belle épreuve imprimée en bistre.

239 — *Mrs Cholmondley*, par Corbutt.

Superbe épreuve en manière noire. Marges.

240 — *Henry Earl of Pembroke.*

Petite réduction in-8°, gravée par S.-W. Reynolds. Grandes marges.

241 — *Reflections on Clarisse Harlow*, par Scorodoumow.

Superbe épreuve imprimée en rouge. Marges.

REYNOLDS (D'après Sir J.)

242 — *Samuel.*

Superbe épreuve imprimée en bistre. Grandes marges.

RIDINGER

243 — *Le Printemps*, et autres.

Ensemble. Trois pièces encadrées.

ROBERT (D'après H.)

244 — *L'Ermite du Colisé.* — *Intérieur d'un cloître.*

Deux pièces, par Descourtis.

Très belle épreuve imprimée en couleurs. Encadrées.

ROWLANDSON

245 — *The English Dance of death*, from the designs of Thomas Rowlandson with metrical illustrations. London 1816. Suite de 36 pièces et une feuille de titre. En couleurs.

RUBENS (D'après P.-P.)

246 — *The Chapeau de paille*, par S.-W. Reynolds.

Superbe épreuve à toutes marges.

RUOTTE

247 — *Les Enfants de la chaumière.* — *Les Petits Faneurs*, d'après Betson.

Deux pièces faisant pendants.

Superbes épreuves imprimées en couleurs. Marges.

RUSSELL (D'après J.)

248 — *Animal affection. — The Dog's first sight of himself.*

Deux petites pièces ovales en travers, par Venzo. Très belles épreuves imprimées en couleurs. Marges.

SAINT-AUBIN (D'après A. DE)

249 — *Le Concert*, par Duclos.

Belle épreuve. Sans marges.

250 — *Le Réfractaire amoureux.*

Très belle épreuve. Petites marges.

SAINT-AUBIN (D'après G. DE)

251 — *Comparaison du bouton de rose*, par Dennel.

Très belle épreuve. Marges. Encadrée.

SCHENAU (D'après)

252 — *Le Miroir cassé*, par Chevillet.

Très belle épreuve.

SCHIAVONETTI (D'après)

253 — *Les Cinq Sens*, par Chaponnier et Ruotte.

Suite de six pièces dont un titre. Très belles épreuves imprimées en couleurs. Marges.

SERGENT (A.)

254 — *Illustrations de l'Histoire de France.*

Trois portraits dont un avant la lettre et six sujets. En tout neuf pièces. Très belles épreuves imprimées en couleurs. Marges.

SINGLETON (D'après)

255 — *The Ale-House door*, par Nutter.
Très belle épreuve imprimée en bistre. Marges.

SMITH (D'après J.-R.)

256 — *Black brown and fair*, gravé par Damougeot.
Très belle épreuve imprimée en couleurs. Marges.

257 — *The Moralist*, par W. Nutter.
Belle épreuve. Marges.

258 — *Serena and Flirtilla*.
Très belle épreuve imprimée en couleurs. Marges.

STOTHARD (D'après J.)

259 — *Cecilia*, par Masetti.
Très belle épreuve. Marges.

260 — *The Landlord's family*. — *The Tenant's family*.
Deux pièces faisant pendants, par C. Knight.
Superbes épreuves avec marges.

STUBBS (Chez)

261 — *The Motto*.
Pièce ovale.
Très belle épreuve. Grandes marges.

TANCHE (D'après)

262 — *Les Désirs naissants*, par Le Beau.
Très belle épreuve. Encadrée.

TESSARI (Chez)

263 — *Cupid and Psyché. — Beauty and Time.*

Deux pièces faisant pendants, imprimées en couleurs. Marges.

Très belles épreuves.

TOMKINS

264 — *Palemon and Lavinia.*

Très belle épreuve imprimée en couleurs. Sans marges. Encadrée.

TOURCATY

265 — *Sacrifice à l'Amitié. — Sacrifice à l'Amour. — L'Amour désarmé. — Psyché abandonnée par l'Amour.*

Suite de quatre pièces ovales, d'après Dardel.

Très belles épreuves imprimées en couleurs. Toutes marges.

TOUZÉ (D'après)

266 — *Les Amusements dangereux*, par Voyer.

Très belle épreuve. Sans marges.

WARD

267 — *A Visit to the grandfather*, d'après J.-R. Smith.

Très belle épreuve en manière noire. Marges.

WATSON

268 — *Frances Dutchess of Richmond*, d'après sir Peter Lely.

Superbe épreuve en manière noire, rehaussée. Marges.

WATSON

269 — *His Royal Highness George, Prince of Wales. and Prince Frederick*, d'après Read.

Superbe épreuve en manière noire. Petites marges.

WESTALL (D'après R.)

270 — *Innocent Mischief. — Innocent revenge.*

Deux pièces faisant pendants, par C. Jossi.
Très belles épreuves imprimées en noir. Marges.

271 — *Les Charmes de la Moisson. — Les Moissonneurs effrayés par l'orage.*

Deux pièces faisant pendants, par Thouvenin.
Superbes épreuves imprimées en couleurs. Marges.

272 — *Télémaque raconte ses aventures à Calypso*, par Williamson.

Superbe épreuve en couleurs. Marges. Encadrées.

WHEATLEY (D'après)

273 — *The School door*, par Bartolotti.

Superbe épreuve imprimée en couleurs. Marges.

WHITE

274 — *Instruction maternelle*, d'après Emma Crewe.

Belle épreuve imprimée en bistre.

WOLFF (l'Aîné)

275 — *La Douceur*, par Wolff Jeune.
Charmante pièce, de forme ovale.
Très belle épreuve imprimée en couleurs. Marges. Encadrée.

276 — *Les Pommes de terre.*
Pièce ovale, imprimée en couleurs. Marges.

WOLSTENHOLME (D'après)

277 — *Sujets de chasse*, par Reeve.
Suite de quatre pièces en travers.
Superbes épreuves imprimées en couleurs. Marges.

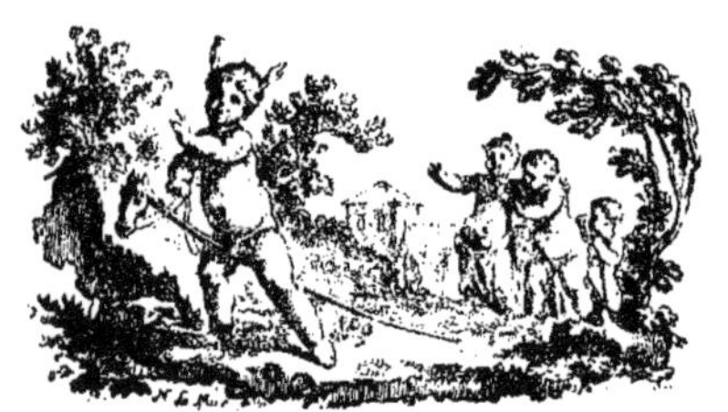

www.ingramcontent.com/pod-product-compliance
Ingram Content Group UK Ltd.
Pitfield, Milton Keynes, MK11 3LW, UK
UKHW020447180726
13839UKWH00004B/1675

9 782329 507972